Simple Past und Present Perfect von *to be*

Formen von *to be* im Simple Past

1 Mr und Mrs Haggard waren im vergangenen Sommer zwei Wochen in Spanien. Noch jetzt, fast ein Jahr danach, schwärmen sie davon.

1. The weather	**was**	excellent.
2. The days	**were**	warm.
3. The nights	**were**	cool.
4. The water	**was**	clean.
5. The food	**was**	delicious.
6. The Spanish music	**was**	wonderful.

Die Wörter, die dir zeigen, dass Mr und Mrs Haggard über etwas in der Vergangenheit sprechen, sind fett gedruckt.

Frage: Welche zwei verschiedenen Wörter sind dies?

Antwort: _____ und _____.

Lösung siehe **1** im Lösungsteil nach Seite 26.

2 Hier siehst du Mr und Mrs Haggard während ihres Urlaubs im vergangenen Jahr.

Sie sagten damals:

1. The red wine is very good.
2. The waiters are friendly.
3. Our hotel is comfortable.
4. The meals are cheap.
5. The country is interesting.

Arbeite bitte auf der nächsten Seite weiter!

Heute, also **nach fast einem Jahr**, sind sie noch genauso begeistert.

▶ Ergänze die fehlenden Wörter!

Mr and Mrs Haggard sagen jetzt:

1. The red wine _____ very good.
2. The waiters _____ friendly.
3. Our hotel _____ comfortable.
4. The meals _____ cheap.
5. The country _____ interesting.

Lösung siehe **2** im Lösungsteil nach Seite 26.

3 Damit hast du das **Simple Past** (1. Vergangenheit) von *is* und *are* kennen gelernt – also von *to be*.

Übersicht: Simple Past von *to be*

Singular	1. Person:	I **was** in Spain last year.
	2. Person:	You **were** in Spain last year.
	3. Person:	He / She / It **was** in Spain last year.
Plural	1. Person:	We
	2. Person:	You } **were** in Spain last year.
	3. Person:	They

▶ Präge dir diese Sätze gut ein!

4 ▶ Unterstreiche die richtigen Wörter!

Beispiel:

The boy .... **was** happy yesterday.
We

Erklärung: **The boy was** happy ... kann nur richtig sein (3. Person Einzahl). Der richtige Satz mit „We" müsste lauten: **We were** happy ...

1. I / You — **were** very impolite yesterday.

2. Jane and Tim / Jane — **was** at the cinema last Saturday.

3. They / My father — **were** shopping in the afternoon.

4. Our hotel / All the hotels — **were** full with guests.

5. The lion / The lions — **was** alone in the cage.

6. This teacher / These boys — **was** late for school.

7. His car / Their bikes — **was** out of order.

Lösung siehe **4** im Lösungsteil nach Seite 26.

Formen von *to be* im Present Perfect

5 Alle diese Leute sind Amerikaner, die gerade mit dem Flugzeug am Ende ihres Urlaubs in New York, Kennedy Airport, angekommen sind. Sie warten auf ein Taxi. Kannst du mit Hilfe des Souvenirs, das sie mitgebracht haben, erkennen, aus welchen Ländern sie gerade zurückkehren?

Mr and Mrs Jenkins   John   Mr Brent   Mike and Mary   Mr Davis   Pamela

▶ Versuche herauszufinden, wer welchen Satz sagt!

1.   **John** : "I have been to Austria."

2. _____ : "I have been to France."

3. _____ : "We have been to China."

4. _____ : "I have been to Holland."

5. _____ : "We have been to Sweden."

6. _____ : "I have been to Italy."

6 Which country have they been to? Do you remember? (Siehe Aufgabe 5)

▶ Complete these sentences. (Vervollständige folgende Sätze!)

1. John has been to _____.

2. _____ has been to France.

3. Mr and Mrs Jenkins have been to _____.

4. Pamela has been to _____.

5. _____ and _____ have been to _____.

6. _____ has been to Italy.

7 Übersicht: **Present Perfect** von *to be*

		Geschrieben wird:	Gesprochen wird:
Singular	1. Pers.:	I **have been** to the USA.	I**'ve been** to the USA.
	2. Pers.:	You **have been** to …	You**'ve been** to …
	3. Pers.:	He } **has been** … She } It }	He**'s been** … She**'s been** … It**'s been** …
Plural	1. Pers.:	We **have been** …	We**'ve been** …
	2. Pers.:	You **have been** …	You**'ve been** …
	3. Pers.:	They **have been** …	They**'ve been** …

▶ Ergänze: *has been* oder *have been*.

In der **1. und 2. Person Einzahl** (I, you) sowie in **allen Personen der Mehrzahl** (we, you, they) heißt das Present Perfect von to be _____ (1). In der **3. Person Einzahl** (he, she, it) lautet das Present Perfect von to be _____ (2).

5

8 Das Present Perfect von **to be** heißt auch **has been,** wenn es sich auf eine durch **he, she** oder **it** ersetzbare **Person, Tier, Pflanze** oder einen **Gegenstand** bezieht.

▶ Setze ein: **have been** oder **has been**.

1. Jack _____ to Moscow.

2. Lisa and Terry _____ to Rome.

3. I _____ to Paris.

4. We _____ to New York.

5. Mrs Lynn _____ to Prague.

6. She _____ to Warsaw, too.

9 Übersicht: **Simple Past** und **Present Perfect** von *to be*

Simple Past	Present Perfect
I was ...	I have been ...
You were ...	You have been ...
He / She / It was ...	He / She / It has been ...
We / You / They were ...	We / You / They have been ...

▶ Arbeite erst weiter, wenn du alle Simple-Past-Formen und Present-Perfect-Formen von to be fließend auswendig aufsagen kannst!

10 Simple Past oder Present Perfect

Es kommt ganz auf die **Situation** an, ob man **Simple Past** oder **Present Perfect** verwendet:

Mr und Mrs Haggard sprechen über ihren Urlaub in Spanien, der **längst vorbei** ist. Er liegt schon fast ein Jahr zurück.

Our holiday in Spain **was** like a dream.

Simple Past

Mike und Mary erzählen auch von ihrem Urlaub. Sie sind **gerade** in New York gelandet und befinden sich noch auf dem letzten Teil ihrer Heimfahrt. Ihr Urlaub liegt **noch nicht so weit zurück**. Ja man könnte sagen, er reicht bis zu dem Zeitpunkt, zu dem sie sprechen, also bis in die Gegenwart.

We **have been** to Sweden.

Present Perfect

▶ Ergänze den Merksatz über die Verwendung von Simple Past und Present Perfect:

Wenn man im Englischen über ein Ereignis spricht, das _____ (1), so benützt man das Simple Past.
Wenn ein Ereignis _____ (2), so benützt man das Present Perfect.

Im Deutschen machen wir diesen Unterschied nicht.
Deshalb fällt uns diese Unterscheidung nicht immer leicht.

Zwischentest 1

Setze *was* oder *were* ein!

1. I _____ in the USA last summer.

2. Pete and Jenny _____ in Africa last year.

3. My friend _____ at home yesterday.

4. My parents _____ in Austria two years ago.

Setze *has been* oder *have been* ein!

5. Jill _____ shopping.

6. I _____ to the doctor's.

7. My friends _____ to the football ground.

8. Tom and Mary _____ to the cinema.

Simple Past oder Present Perfect?

Schreibe dahinter **S.P.**, wenn das Verb im **S**imple **P**ast steht, **P.P.**, wenn es im **P**resent **P**erfect steht!

9. Yesterday I wasn't at home. (_____)

10. They have been shopping. (_____)

11. She has been to the butcher's. (_____)

12. Last week Tom and Mary were on holiday. (_____)

Die Lösungen zu den Tests findest du am Ende des Lösungsteils in der Mitte des Heftes.

Die Bildung regelmäßiger Verbformen im Present Perfect und im Simple Past

Die Bildung regelmäßiger Verbformen im Present Perfect

11 ▶ Sicherlich kannst du die Sätze den richtigen Personen zuordnen. Schau dir zuerst die Bilder an!

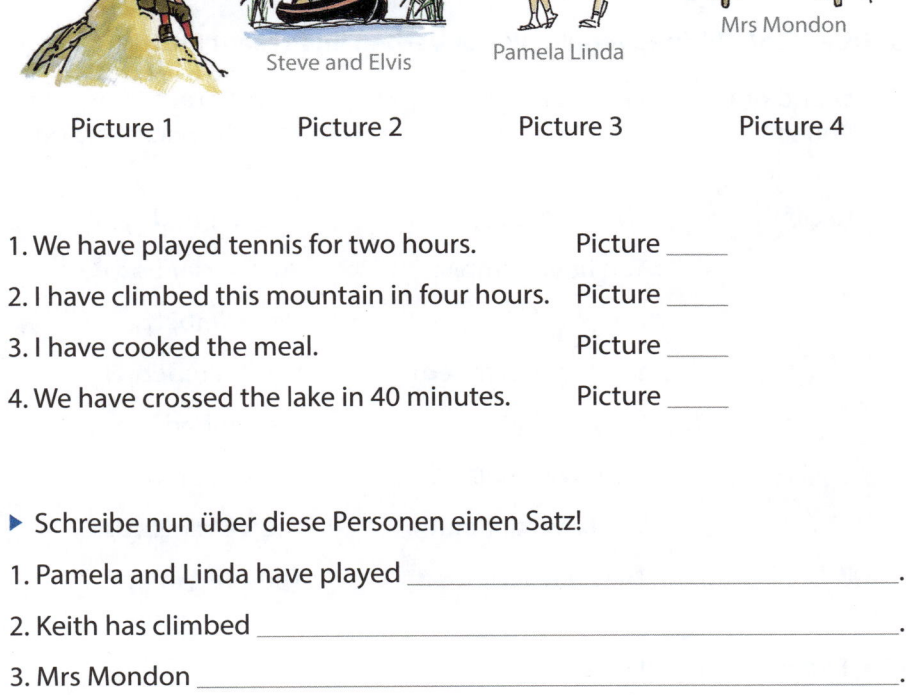

Picture 1 — Keith
Picture 2 — Steve and Elvis
Picture 3 — Pamela Linda
Picture 4 — Mrs Mondon

1. We have played tennis for two hours.   Picture ____
2. I have climbed this mountain in four hours.   Picture ____
3. I have cooked the meal.   Picture ____
4. We have crossed the lake in 40 minutes.   Picture ____

12 ▶ Schreibe nun über diese Personen einen Satz!

1. Pamela and Linda have played _____.
2. Keith has climbed _____.
3. Mrs Mondon _____.
4. Steve and Elvis _____
_____.

13 Du hast hiermit das Present Perfect von den vier regelmäßigen Verben (Zeitwörtern) **play, climb, cook** und **cross** kennengelernt.

▶ Schreibe noch einmal auf:

1. we have **played**   they have **played** (play)
2. I have _____   he has _____ (climb)
3. I _____ _____   she _____ _____ (cook)
4. we _____ _____ they _____ _____ (cross)
5. Have you ever climbed a mountain? _____.

14 **Übersicht: Bildung regelmäßiger Verben im Present Perfect**

Grundform (Infinitiv)	Present Perfect	Beim Sprechen benützt man die Kurzform von have
to climb	I **have** climb**ed**.	I**'ve** climb**ed**.
	You **have** climb**ed**.	You**'ve** climb**ed**.
	He ⎫	He**'s** climb**ed**.
	She ⎬ **has** climb**ed**.	She**'s** climb**ed**.
	It ⎭	It**'s** climb**ed**.
	We **have** climb**ed**.	We**'ve** climb**ed**.
	You **have** climb**ed**.	You**'ve** climb**ed**.
	They **have** climb**ed**.	They**'ve** climb**ed**.

▶ Ergänze den Merksatz:

Regelmäßige Verben bilden das Present Perfect, indem h_____ oder h_____ vor die Grundform gesetzt und -____ angehängt wird.

15 What have they just done? (Was haben sie gerade getan?)

I've just watched television.

1. **watch** — He has just **watched** television.

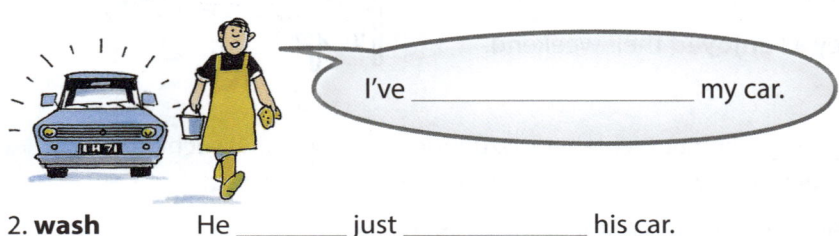

I've _____ my car.

2. **wash** — He _____ just _____ his car.

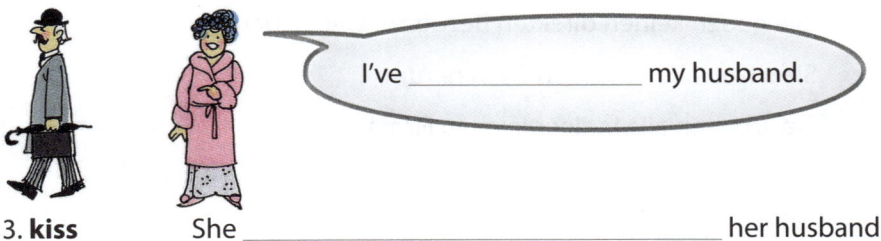

I've _____ my husband.

3. **kiss** — She _____ her husband.

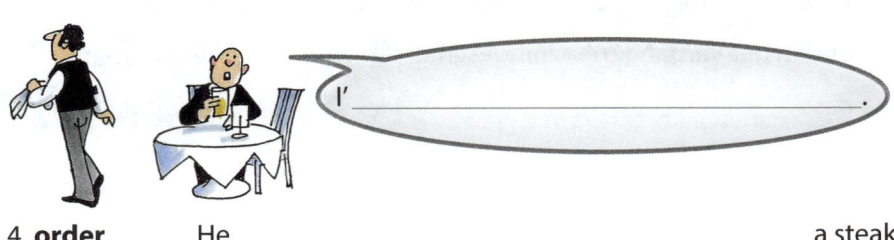

I' _____.

4. **order** — He _____ a steak.

Die Bildung regelmäßiger Verbformen im Simple Past

16 John, Simon, Gerald und Sarah sind Arbeitskollegen. Sie sitzen hier am Montag in der Kantine und erzählen, was sie am Wochenende gemacht haben.

I **picked** strawberries for a cake.

I **repaired** my car.

I **worked** in the garden.

I **walked** 10 miles in three hours.

They all **enjoyed** their weekend.

Es gelingt dir hier nicht, herauszufinden, wer was am Wochenende gemacht hat, weil du nicht weißt, wer welchen Satz sagt.

▶ Finde den Grund dafür! Kreuze den richtigen Satz an!

◯ Sie sehen alle John an.

◯ Die Tätigkeiten endeten alle am Samstag oder am Sonntag. (Sie haben keinen direkten Bezug zur Gegenwart.)

◯ Sie sitzen alle um einen Tisch herum.

◯ Sie arbeiten alle in der gleichen Firma.

17 ▶ Ergänze den Merksatz:

> Wenn man über ein Ereignis berichtet, das schon länger her ist und in der Vergangenheit abgeschlossen wurde, verwendet man das _____ .

18 ▶ Unterstreiche in jedem Satz das Verb!

1. Simon <u>picked</u> strawberries for a cake last weekend.
2. John <u>repaired</u> his car last weekend.
3. Gerald <u>worked</u> in the garden last Saturday.
4. Sarah <u>walked</u> ten miles in three hours.
5. They all <u>enjoyed</u> their weekend.

19 ▶ Ergänze den Merksatz zur Bildung regelmäßer Verben im Simple Past:

Ein Verb (Zeitwort) bildet das Simple Past, indem man an seine Grundform einfach die Silbe -____ _____ .

20 **Übersicht: Das Simple Past regelmäßiger Verben in allen Personen**

Einzahl	1. Person:	I climb**ed**	ich kletterte
	2. Person:	you climb**ed**	du klettertest
	3. Person:	he climb**ed**	er (eine männliche Pers.) kletterte
		she climb**ed**	sie (weibl. Pers.) kletterte
		it climb**ed**	es (Kind, Tier) kletterte
Mehrzahl	1. Person:	we climb**ed**	wir kletterten
	2. Person:	you climb**ed**	ihr klettertet
	3. Person:	they climb**ed**	sie (mehrere Pers. oder Tiere) kletterten

Schau dir die Übersicht genau an! Arbeite dann erst weiter!

Welcher der drei folgenden Sätze gilt für fast alle Verben?

▶ Kreuze den richtigen Satz an!

◯ Die Simple-Past-Form des Verbs ist bei jeder Person anders.

◯ Die Simple-Past-Form des Verbs ist bei allen Personen gleich.

◯ Die Simple-Past-Form des Verbs ist in der 3. Pers. Einzahl (he, she, it) anders.

21 Du hast also gesehen, dass die Bildung der Simple-Past-Form bei regelmäßigen Verben sehr einfach ist:
Man hängt immer ein **-ed** an die Grundform des Verbs an.

▶ Suche aus folgenden Sätzen die Verben, schreibe die Grundform (Infinitiv) auf und verwandle dann den Satz ins Simple Past!

Simple Present (Gegenwart)	Grundform (Infinitiv)	Simple Past (1. Vergangenheit)
1. Every day he **explains** the homework very well.	explain	He **explained** the homework very well.
2. Every evening she **calls** her friend.	_____	She _____ her friend last evening.
3. We always **park** our car in front of our house.	_____	Last year we _____ it in the garden.
4. Our teacher **answers** all our questions.	_____	Yesterday he _____ a very difficult question.
5. Miriam **helps** her aunt every Saturday.	_____	Miriam _____ her aunt last Saturday.
6. Mike and John always **water** their garden when it is hot.	_____	They _____ their garden 10 times last summer.

22 Simple Past oder Present Perfect?

▶ Kreuze den richtigen Satz an! Frage dich immer vorher:

Liegt das Ereignis schon länger zurück? ⟶ **Simple Past.**

Reicht das Ereignis (fast) bis zur Gegenwart? ⟶ **Present Perfect.**

○ Johnny has washed his car. (Present Perfect)

○ Johnny washed his car last Saturday. (Simple Past)

○ Mary Anne has played table tennis. (Present Perfect)

○ Mary Anne played table tennis last week. (Simple Past)

○ Mrs Graves has talked to Ben's English teacher. (Present Perfect)

○ Mrs Graves talked to Ben's English teacher last Friday. (Simple Past)

○ I've picked 120 kg of apples. (Present Perfect)

○ I picked 120 kg of apples yesterday. (Simple Past)

○ Francis has played football. (Present Perfect)

○ Francis played football yesterday. (Simple Past)

Fehler gemacht? Lies dir die Übersicht und den Merksatz auf S. 7 noch mal genau durch!

Zwischentest 2

Schreibe folgende Verben im Simple Past und Present Perfect!

Simple Present	Simple Past	Present Perfect
1. he locks (abschließen)	**he locked**	**he has locked**
2. I remember (sich erinnern)	I _____	**I have remembered**
3. we open	we _____	we _____
4. it snows (schneien)	it _____	it _____
5. she fetches (holen)	she _____	she _____

Bestimme, ob der Satz im Simple Past oder Present Perfect steht!
Schreibe dahinter **S.P.** oder **P.P.**!

6. Last winter it snowed very much. (_____)

7. Has he locked the door? (_____)

8. Jim and Dad have opened the garage door. (_____)

9. I fetched the apples from the farmer. (_____)

Die Lösungen findest du am Ende des Lösungsteils in der Mitte des Heftes.

Besonderheiten bei Aussprache und Schreibweise regelmäßiger Verben

Aussprache der Endung -ed

23 Bevor wir auf diese Besonderheit bei der Aussprache näher eingehen, schauen wir uns an, wie die Endsilbe *-ed* gewöhnlich ausgesprochen wird.

Hier gibt es **zwei Aussprachemöglichkeiten**:			
Nach einem **Vokal** oder **weichen** Konsonanten		Nach einem **harten** Konsonanten	
Schreibweise	Aussprache	Schreibweise	Aussprache
enjo**y**ed	[ɪnˈdʒɔɪd]	hel**p**ed	[helpt]
wat**er**ed	[wɔːtəd]	fet**ch**ed	[fetʃt]
war**n**ed	[wɔːnd]	pa**ck**ed	[pækt]
ca**ll**ed	[kɔːld]	cro**ss**ed	[krɒst]

Erste Besonderheit: *-ed* nach *t* und *d*

24 Bei Verben, die in der Grundform mit einem **d** oder **t** enden, spricht man **-ed** wie [ɪd].

Beispiele:

Grundform	Schreibweise	Aussprache
visi**t** (besuchen)	visited	[vɪzɪtɪd]
ad**d** (hinzufügen)	added	[ædɪd]

▶ Ergänze folgende Erklärung hierfür:

> Wäre die Aussprache von **visited** und **added** regelmäßig, so könnte man nicht hören, ob das Verb in der Gegenwart (Grundform) oder _____ steht.

25 Übersicht: Drei verschiedene Aussprachemöglichkeiten von -ed

❶ Man spricht -ed wie [d] nach einem **weichen** Konsonanten (Mitlaut), zum Beispiel **n, m, l** oder nach einem **Vokal** (Selbstlaut).	❷ Man spricht -ed wie [t] nach einem **harten** Konsonanten, zum Beispiel **k, p, s**.	❸ Man spricht -ed wie [ɪd] nach einem **t** oder **d**.

▶ Ordne folgende Verben den obigen Gruppen zu!
Sprich die Grundform leise vor dich hin und achte vor allem auf den letzten Laut beim Sprechen!

1. end   (**3**)
2. park   (__)
3. whisper (__)
4. follow   (__)
5. hunt   (__)
6. climb   (__)
7. wait   (__)
8. need   (__)
9. talk   (__)
10. load   (__)
11. ask   (__)
12. post   (__)
13. listen (__)
14. jump   (__)
15. clean   (__)
16. pack   (__)

Zweite Besonderheit: Der Ausfall des -e am Ende (-ed nach stummem e)

26 Wenn ein Verb schon in der Grundform mit einem **-e** am Ende geschrieben wird, so wird nur ein **-d** angehängt.

▶ Vervollständige die Tabelle!

Grundform	Simple Past
1. notice (bemerken)	**noticed**
2. move (bewegen)	
3. wave (winken)	
4. smile (lächeln)	
5. love (lieben)	
6. hire (mieten)	

27 Dritte Besonderheit: y ⟶ ied

Vorigen Samstag unternahm die Familie Craig eine Wanderung. Sie kam an eine schmutzige Stelle.

Last Saturday ...

▶ Unterstreiche in folgenden zwei Sätzen das Verb!

Mr Craig and Steve carried the pram.

Mrs Craig carried the baby.

28 Die Grundform des Verbs aus der letzten Szene (Aufgaben **27**) lautet: *carry*.
Achtung: *carry* verändert seine Endung, bevor *-ed* angehängt wird.

Beispiel:

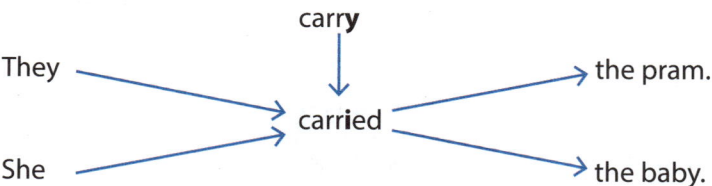

Man muss das **-y** in ein **-i** verwandeln, bevor man **-ed** anhängen darf.	
I carr**ied**	we carr**ied**
you carr**ied**	you carr**ied**
he } she } carr**ied** it }	they carr**ied**

▶ Kannst du nun schon richtig einsetzen?

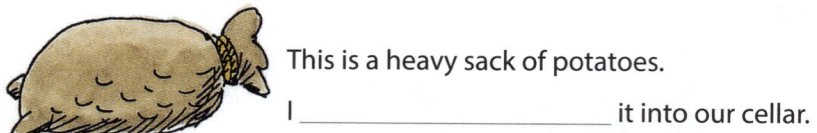

This is a heavy sack of potatoes.

I _____ it into our cellar.

29 ▶ Hier sind noch einige andere Verben, die ihre Endung genauso verändern (**y ⟶ i**). Schreibe rechts neben die Sätze ihre Grundform!

1. I **carried** this heavy sack. 1. **carry**
2. She tried the new dress on. 2. _____
3. My father hurried to his office yesterday. 3. _____
4. Jessica tidied up her room last Saturday. 4. _____
5. Mother dried her hair with the new hair-dryer. 5. _____
6. Helen and John married last year. 6. _____
7. The baby cried the whole day. 7. _____
8. "This isn't my son," replied the man. 8. _____

30 ▶ Unterstreiche bei folgenden Verben den **vorletzten** Buchstaben!

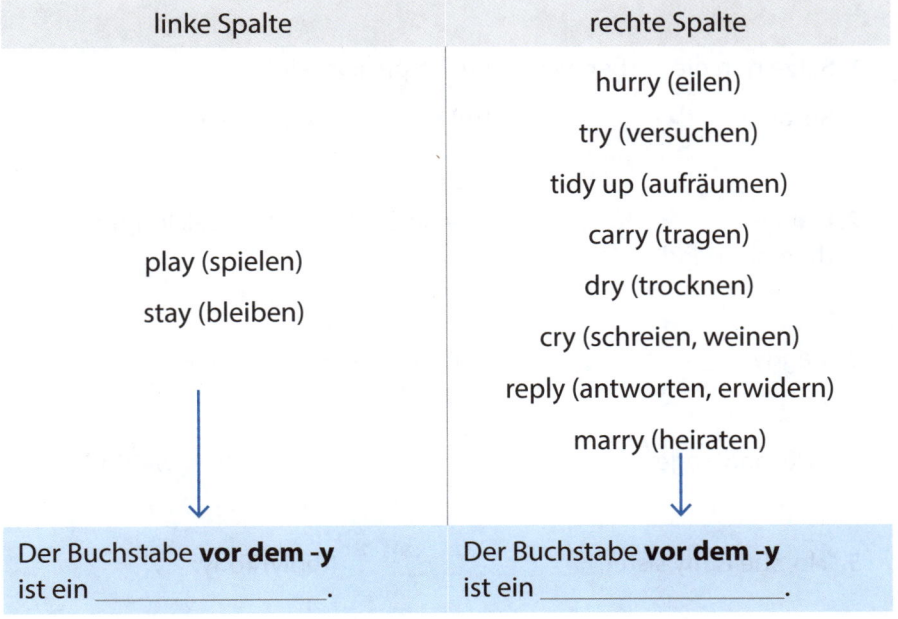

linke Spalte	rechte Spalte
	hurry (eilen)
	try (versuchen)
	tidy up (aufräumen)
	carry (tragen)
play (spielen)	dry (trocknen)
stay (bleiben)	cry (schreien, weinen)
	reply (antworten, erwidern)
	marry (heiraten)
Der Buchstabe **vor dem -y** ist ein _____.	Der Buchstabe **vor dem -y** ist ein _____.

31 Und hier findest du ein Wort aus der linken Spalte und eines aus der rechten im Simple Past. (Siehe Aufgabe **30**)

▶ Vergleiche ihre Endungen genau!

John and his mother pla**yed** with the teddy bear.

John and his mother hurr**ied** to the kindergarten.

Frage: Warum verändert sich bei **play** die Endung im Simple Past **nicht**?

Antwort: Weil _____

_____.

> Das **-y** wird zu **-i**, wenn der Buchstabe vor dem **-y** ein **Mitlaut** (Konsonant) ist.

32 ▶ Setze nun die Verben richtig im Simple Past ein!

1. Susan _____ (try) to cook a good meal.

2. Francis _____ (stay) in England one week longer than his friend.

3. Maggy _____ (tidy up) the kitchen alone.

4. Vicky and Roger _____ (cry) because they wanted a sweet.

5. "No, she is my sister," _____ (reply) Tony.

Vierte Besonderheit: Verdoppelung des letzten Buchstabens

33 Nun lernst du eine Gruppe von Verben kennen, die wieder eine andere Besonderheit aufweist, wenn man -*ed* anhängt, um die Vergangenheit zu bilden.

▶ Versuche diese Besonderheit selbst herauszufinden!

sto**p** – sto**pp**ed

sli**p** (ausrutschen) – sli**pp**ed

dro**p** (fallen lassen) – dro**pp**ed

sti**r** (umrühren) – sti**rr**ed

pla**n** (planen) – pla**nn**ed

admi**t** (zugeben) – admi**tt**ed

trave**l** (reisen) – trave**ll**ed

contro**l** (kontrollieren) – contro**ll**ed

▶ Schreibe auf, was mit dem letzten Buchstaben geschehen ist:

_____

_____

34 Es gibt noch mehr Verben, die ihren letzten Buchstaben im Simple Past und Present Perfect verdoppeln. In den nächsten Lernschritten übst du diese und noch einige andere wichtige Verben dieser Art.

▶ Setze die richtigen Verben ein!

> stir (umrühren) – plan (planen) – stop (anhalten) – drop (fallen lassen) – slip (ausrutschen) – rob (rauben)

1. Last winter Mr Bugany _____ in the icy street.
2. The Millers _____ a holiday in France last year.
3. Gary _____ the dish of soup.
4. The cars _____ at the border.
5. She put a lot of sugar in her coffee and _____ it with a silver spoon.
6. This is the man who _____ the bank of $ 10,000.

35 ▸ Wähle auch hier die richtigen Verben aus!

> control (kontrollieren) – travel (reisen) – admit (zugeben) – prefer (vorziehen) – quarrel (streiten)

1. They _____ from Edinburgh to London by coach.
2. Mr and Mrs Ellis _____ every day.
3. The police _____ the traffic in the rush hours.
4. The man _____ to the robbery of the bank.
5. I _____ to stay at home during my last holidays.

36 ▸ Schau dir die Bilder zuerst genau an!

▸ Schreibe auf, was diese Personen **gerade** gemacht haben!

1. They _____ (travel) from Edinburgh to London.

2. Mr Bugany _____ (slip) in the icy street.

3. Gary _____ (drop) the dish of soup.

4. These two cars _____ (stop) at the border.

Übersicht: Vier Besonderheiten bei Aussprache und Schreibweise

37 ▶ Trage in die Übersicht jeweils zwei Beispiele ein! Wähle aus dem Kasten aus und verwandle diese Verben in die Vergangenheit!

try – hope – want – drop – arrive – plan – hurry – shout

1. **-ed** wird [ɪd] gesprochen. ⟶	- _____ - _____
2. Das **stumme -e** bleibt unberücksichtigt. ⟶	- _____ - _____
3. **-y** ⟶ **-ied** ⟶	- **tried** - _____
4. Der letzte Buchstabe wird **verdoppelt**. ⟶	- _____ - _____

Zwischentest 3

Unterstreiche die Verben, die im Simple Past stehen!

1. The baby cried all night.
2. The man hurried down the street.
3. The wet cup slipped out of his hand.
4. I expected him yesterday, not today.
5. The car stopped in front of the child.
6. She planned to finish work at 4 o'clock.
7. In our holiday last year we hired a Golf for one week.
8. "No, thank you, I prefer to walk," replied the lady.

Schreibe die Grundform und die deutsche Bedeutung der obigen Verben auf!

1a) to cry (**schreien**)   5a) to _____ (_____)

2a) to _____ (_____)   6a) to _____ (_____)

3a) to _____ (_____)   7a) to _____ (_____)

4a) to _____ (_____)   8a) to _____ (_____)

Setze die eingeklammerten Verben folgender Sätze im Simple Past ein!

9. They _____ (rob) an old woman of $ 10,000.
10. Mike's mother _____ (bake) a cake for his birthday.
11. These two men _____ (travel) round the world in 2 months.
12. Mary _____ (love) Jimmy very much.
13. Dieter _____ (visit) the zoo when he was in London.
14. The monkeys _____ (look) at the visitors.
15. Jenny _____ (stay) at home because it was so cold outside.
16. Her husband always _____ (dry) the dishes when he was at home.

305

Simple Past & Present Perfect

Englisch ab 6. Klasse und für Erwachsene

Lösungen

Dieser Lösungsteil ist herausnehmbar!
Klammern in der Mitte des Heftes öffnen!

Lösungen

1 Antwort: **was** und **were**.

2 1. was 2. were 3. was 4. were 5. was

4
1. **You** were ...
2. **Jane** was ...
3. **They** were ...
4. **All the hotels** were ...
5. **The lion** was ...
6. **This teacher** was ...
7. **His car** was ...

> Wie viele Fehler hast du?
> **0** Fehler? **Ausgezeichnet**! **1** Fehler? **Gut**! Bei **2 und mehr** Fehlern solltest du dir vor allem die Übersicht auf Seite 2 noch einmal genau ansehen.

5
2. Mr Davis
3. Mr and Mrs Jenkins
4. Pamela
5. Mike and Mary
6. Mr Brent

6
1. ... Austria
2. Mr Davis ...
3. ... China
4. Holland
5. Mike and Mary ... Sweden.
6. Mr Brent ...

7 have been (1)   has been (2)

8
1. has been
2. have been
3. have been
4. have been
5. has been
6. has been

10 ... weiter zurückliegt oder sich auf ein in der Vergangenheit abgeschlossenes Ereignis bezieht (1), ...

... noch nicht lange zurückliegt, bis in die Gegenwart reicht (2), ...

Auch sinngemäße Antworten sind richtig.

11
1. Satz: Picture 3
2. Satz: Picture 1
3. Satz: Picture 4
4. Satz: Picture 2

12 1. ... tennis for two hours.
2. ... the (a) mountain in four hours.
3. ... has cooked the (a) meal.
4. ... have crossed the lake in 40 minutes.

13 2. I have **climbed** he has **climbed**
3. I have **cooked** she **has cooked**
4. we **have crossed** the **have crossed**
5. **Yes, I have/No, I haven't**
(je nachdem, ob du schon einmal auf einen Berg gestiegen bist)

14 Regelmäßige Verben bilden das Present Perfect, indem **have** oder **has** vor die Grundform gesetzt und **-ed** angehängt wird.

15 2. I've **just washed** my car.   4. I**'ve just ordered a steak**.
He **has** just **washed** his car.   He **has just ordered** a steak.

3. I've **just kissed** my husband.
She **has just kissed** her husband.

16 ✖ Die Tätigkeiten endeten alle am Samstag oder am Sonntag.

17 Simple Past

18 1. picked   2. repaired   3. worked   4. walked   5. enjoyed

19 ... -ed anhängt.

20 ✖ Die Simple-Past-Form des Verbs ist bei allen Personen gleich.

21 2. call – called (Das –s gehört nicht zur Grundform; es ist das 3.-Personen-s ⟶ she calls)

3. park – parked   5. help – helped
4. answer – answered   6. water – watered

> Wie viele Fehler hast du gemacht?
> **0** Fehler? **Ausgezeichnet!** **1** Fehler? **Sehr gut!** **2** Fehler? **Ordentlich!** Bei **3 und mehr** Fehlern musst du die Übersicht von Aufgabe 20 noch einmal genau lesen!

22 ✘ Johnny has washed his car. (Present Perfect)
✘ Mary Anne played table tennis last week. (Simple Past)
✘ Mrs Graves has talked to Ben's English teacher. (Present Perfect)
✘ I picked 120 kg of apples yesterday. (Simple Past)
✘ Francis has played football. (Present Perfect)

24 in der Vergangenheit (Simple Past)

25
1. end	(**3**)	6. climb	(**1**)	11. ask	(**2**)
2. park	(**2**)	7. wait	(**3**)	12. post	(**3**)
3. whisper	(**1**)	8. need	(**3**)	13. listen	(**1**)
4. follow	(**1**)	9. talk	(**2**)	14. jump	(**2**)
5. hunt	(**3**)	10. load	(**3**)	15. clean	(**1**)
				16. pack	(**2**)

26 2. moved   3. waved   4. smiled   5. loved   6. hired

27 Mr Craig and Steve <u>carried</u> ...   Mrs Craig <u>carried</u>

28 carried

29 2. try on 3. hurry 4. tidy up 5. dry 6. marry 7. cry 8. reply

30

linke Spalte	rechte Spalte
	hur**ry** (eilen)
	t**ry** (versuchen)
	ti**d**y up (aufräumen)
	car**ry** (tragen)
pl**a**y (spielen)	d**ry** (trocknen)
st**a**y (bleiben)	c**ry** (schreien, weinen)
	rep**ly** (antworten, erwidern)
	mar**ry** (heiraten)
↓	↓
Der Buchstabe vor dem -y ist ein **Selbstlaut/Vokal**.	Der Buchstabe vor dem -y ist ein **Mitlaut/Konsonant**.

31 Antwort: Weil der Buchstabe vor dem –y ein Selbstlaut (Vokal) ist.

32 1. tried 2. stayed 3. tidied up 4. cried 5. replied

33 Der letzte Buchstabe wurde verdoppelt.

34
1. sli**pp**ed   3. dro**pp**ed   5. sti**rr**ed
2. pla**nn**ed   4. sto**pp**ed   6. ro**bb**ed

35
1. travelled   3. controlled   5. preferred
2. quarrelled 4. admitted

36
1. have travelled   3. has dropped
2. has slipped   4. have (were) stopped

37
1. - wanted
   - shouted
2. - hoped
   - arrived
3. - tried
   - hurried
4. - dropped
   - planned

38
1. ... <u>he didn't check the water.</u>
2. ... <u>he didn't change the sparking-plugs.</u>
3. ... <u>he didn't repair the brakes</u> ...

39 Man erkennt die Vergangenheit am "did(n't)".
Auch sinngemäße Antworten sind richtig.

40
2. didn't play
3. didn't clean
4. didn't talk

42
2. crossed
3. didn't turn
4. rained
5. didn't pack
6. asked
7. didn't follow

> Wie viele Fehler hast du gemacht?
> **0** Fehler? **Ausgezeichnet**! **1** Fehler? **Sehr gut**! **2** Fehler? **Recht ordentlich**!
> Bei **3 und mehr** Fehlern solltest du ab Aufgabe 38 noch einmal sorgfältig alles durcharbeiten.

43
1. Marilyn **hasn't cooked** ...
2. They **haven't ordered** ...

45
1. ... haven't ...
2. ... hasn't carried ...
3. ... hasn't collected ...

46 <u>One of the men **had** a moustache.</u>
<u>It **had** no numberplate ...</u>

47 Present Perfect

48 2. He had some strings of pearls ...
3. He had a new moped ...
4. He had a lot of brand-new banknotes ...
5. He had a famous picture ...

50 1. What **have you had** for lunch, Miss Short?
2. I**'ve had** chicken with chips.
3. **What have you had (for lunch)**, Mrs Loveland?
4. **I've had** fish. I like fish.

51 I **had Spaghetti**. (1)
She **had chicken with chips**. (2)
She **had fish**. (3)

52

regelmäßige Verben	unregelmäßige Verben
he climbed	I had
we walked	**she had**
I called	**I was**
they cried	**you were**
you liked	
I robbed	

53 Regelmäßige Verben erkennt man an der Endung –ed.

54 1. ... has missed ...
2. ... has missed ... since 2001.
3. ... has missed ... new moped for 10 months.
4. ... have missed ... picture since 2000.

55 ... seit.

57

Einen **Zeitpunkt** geben an:	Eine **Zeitspanne** geben an:
four o'clock	6 hours
Christmas	5 minutes
2000	two years
20th June	
Friday	

58 1. ... **for** two years.
2. ... **since** Easter 2001.
3. ... **for** six months.
4. ... **since** 31st August.
5. ... **for** seven weeks.
6. ... **since** last weekend.

Antwort: Im Present Perfect.

59 ... I've never **been** ... (1)
... I've **been** ... (2)
... **Have** you ever **been** ... (3)
... **I've never been there**. (4)

60 3. ... **hasn't checked the oil yet**.
4. ... **has** just **switched off the lights**.

61 2 a   3 b

62 2. Ich **habe soeben (gerade)** ...
3. **Ich habe noch nicht** ...

63 2. seit (Zeitspanne)
3. seit (Zeitpunkt)
4. schon
5. jemals
6. nie
7. soeben (gerade)

64 1. ever 3. for 5. just 7. yet
2. never 4. since 6. already

65 ... am Anfang oder am Ende des Satzes.

66 1. married 3. moved 5. planned
2. were 4. closed 6. walked

67 2. They closed down their shop (two years ago).
3. They were in Switzerland (last year).
4. They married (50 years ago).
5. They planned a trip to Italy (yesterday).
6. They walked 4 miles (last Sunday).

68 1. <u>worked</u>/<u>last weekend</u>
2. <u>posted</u>/<u>they day before yesterday</u>
3. <u>Last Friday</u>/<u>was</u> – <u>tried on</u>
4. <u>Last Sunday</u>/<u>quarrelled</u>
5. Sie stehen im Simple Past.

69 2. S.P. 3. P.P. 4. P.P. 5. P.P. 6. S.P. 7. S.P. 8. S.P.

70 1. ... have lived ... for ...
2. ... earned ... last year
3. ... was ... 4 years ago
4. ... have never played ...
5. ... have already talked ...

Zwischentest 1

1. was
2. were
3. was
4. were

5. has been
6. have been
7. have been
8. have been

9. S.P.
10. P.P.
11. P.P.
12. S.P.

> 0-1 Fehler? **Sehr gut!** 2-3 Fehler? **Gut!**
> **4 und mehr** Fehler? Arbeite die Aufgaben 1-10 noch einmal sorgfältig durch.

Zwischentest 2

Simple Present	Simple Past	Present Perfect
1. he locks (abschließen)	he locked	he has locked
2. I remember (sich erinnern)	I **remembered**	I have remembered
3. we open	we **opened**	we **have opened**
4. it snows (schneien)	it **snowed**	it **has snowed**
5. she fetches (holen)	she **fetched**	she **has fetched**

6. S.P.
7. P.P.
8. P.P.
9. S.P.

> 0-1 Fehler? **Sehr gut!** 2-3 Fehler? **Gut!**
> **3 und mehr** Fehler? Arbeite die Aufgaben 11-22 noch einmal sorgfältig durch.

Zwischentest 3

1. cried
2. hurried
3. slipped
4. expected
5. stopped
6. planned
7. hired
8. replied

2a) hurry (eilen)
3a) slip (ausrutschen)
4a) expect (erwarten)
5a) stop (anhalten)
6a) plan (planen)
7a) hire (mieten)
8a) reply (erwidern, antworten)

9. robbed
10. baked
11. travelled
12. loved
13. visited
14. looked
15. stayed
16. dried

0-1 Fehler? **Sehr gut!** 2-3 Fehler? **Gut!** 4-5 Fehler? **Recht ordentlich!**
6 und mehr Fehler? Arbeite die Aufgaben 23-37 noch einmal sorgfältig durch.

Zwischentest 4

1. it **didn't snow**
2. she **didn't love**
3. I **didn't drop**
4. he **hasn't been**
5. I **wasn't** there.
6. Betty **hasn't married**
7. we **didn't enjoy**
8. she **didn't carry**
9. they **haven't played**
10. they **didn't control**

0-1 Fehler? **Sehr gut!** 2-3 Fehler? **Gut!**
4 und mehr Fehler? Arbeite die Aufgaben 38-45 noch einmal sorgfältig durch.

Zwischentest 5

1. He **has had** ...
2. ... I **had** ...
3. We **have had** ...
4. Mrs Neale **had** ...
5. I **have had** ...

0 Fehler? **Sehr gut!** 1 Fehler? **Gut!**
2 und mehr Fehler? Arbeite die Aufgaben 46-53 noch einmal sorgfältig durch.

Zwischentest 6

1. I **have lived** ... **for** ...
2. I **lived** ... **5 years ago**.
3. I **repaired** ... **last week**.
4. I **have already repaired** ...
5. I **have just talked** ...
6. ... **has never had** ...
7. ... he **had** ... **yesterday**.

0 Fehler? **Sehr gut! 1-2** Fehler? **Gut!**
3 und mehr Fehler? Arbeite die Aufgaben 54-70 noch einmal sorgfältig durch.

Abschlusstest

1. I painted the Watson's garage door yesterday.
2. I've painted this garage door.

3. watched
4. dropped
5. cried
6. arrived

7. P.P.
8. S.P.
9. P.P.

was (10)
have never **been** (11)
Have you ever **been** ... (12)

were (13)
Has ... **been** ... (14)

15. **has changed**
16. **have played**

0-1 Fehler? **Ausgezeichnet! 2** Fehler? **Sehr gut! 3** Fehler? **Gut!**
4-5 Fehler? **Noch gut! 6 und mehr** Fehler? Das sind leider zu viele Fehler. Arbeite noch einmal das Programm sorgfältig durch!

Simple Past und Present Perfect in verneinten Sätzen

Verneinte Sätze im Simple Past

38 George ist Automechaniker bei Mr Perry. Aber Mr Perry ist mit ihm nicht zufrieden, weil er sehr nachlässig arbeitet. Mr Perry gibt uns hier ein paar Beispiele:

1. Yesterday George checked the oil but he didn't check the water.
2. Last Monday he changed the tyres of a car but he didn't change the sparking-plugs.
3. A week ago he repaired the broken windscreen but he didn't repair the brakes of a car.

Diese drei Sätze bestehen jeweils aus einem **bejahten** und einem **verneinten** Satzteil.

▶ Unterstreiche in den Sätzen oben den verneinten Satzteil!

39 ▶ Vergleiche nun die folgenden zwei Sätze in der bejahten und verneinten Form!

Bejahter Satz:	He repair**ed** the windscreen.
Verneinter Satz:	He **didn't** repair the brakes. (**did not**)

Obwohl auch der verneinte Satz im Simple Past steht, besitzt das Zeitwort (*repair*) kein *-ed* am Schluss.

Frage: Woran erkennst du trotzdem die Vergangenheit (**Simple Past**)?

Antwort: _____

40 In einem verneinten Satz mit einem Hauptverb musst du also immer **didn't** (= **did not**) verwenden. Das Hauptverb (z. B. **repair**) bleibt in der Grundform (also ohne **-ed**).

Now we are in a kindergarten. There are a lot of children in it. What happened yesterday?

▶ Vervollständige die Sätze mit verneinten Zeitformen!

1. Bobby **didn't wash** (wash) his hands.
2. Barry _____ (play) with his toys.
3. Susie _____ (clean) her shoes.
4. Johnny and Jimmy _____ (talk) to the other children.

41 **Übersicht: Bejahte und verneinte Sätze im Simple Past**

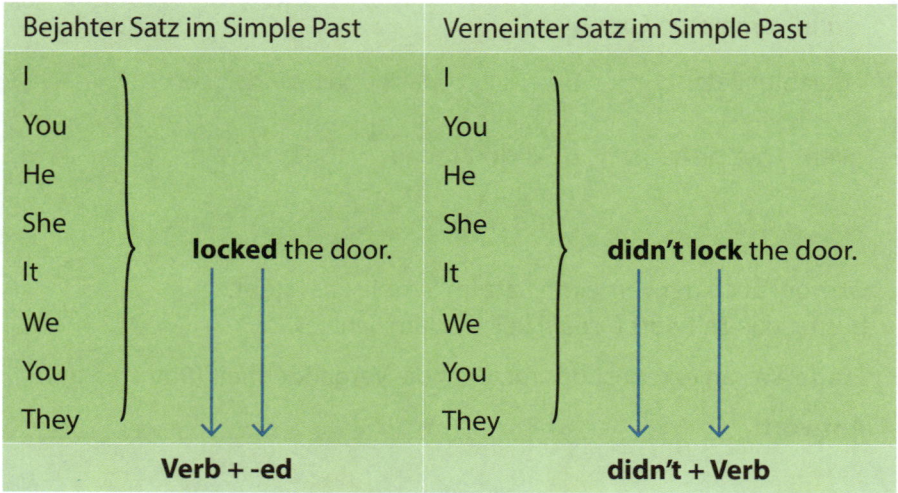

42 ▶ Sicher kannst du nun folgende Sätze vervollständigen.

Bejahte Sätze im **Simple Past**	Verneinte Sätze im **Simple Past**
Yesterday we **listened** to the radio. →	1. Yesterday we **didn't watch** television.
2. Tom _____ the street when the traffic lights were red. ←	Mike **didn't cross** the street when the traffic lights were red.
I **turned** the heating on. →	3. He _____ the heating on.
4. It _____ yesterday. ←	It **didn't rain** last Sunday.
Mandy **packed** the suitcase herself. →	5. Mike _____ the suitcase himself.
6. Jim _____ the teacher. ←	Andy **didn't ask** the teacher.
The police **followed** the car. →	7. The police _____ _____ the lorry.

Verneinte Sätze im Present Perfect

43 Kannst du nach dem Beispielsatz die Lücken selbst ausfüllen?

I **haven't finished** my homework.

Donald **hasn't finished** his homework.

1. Marilyn _____ this soup.

2. They _____ a bottle of red wine.

44 Übersicht: Bejahte und verneinte Sätze im Present Perfect

Bejahter Satz im Present Perfect	Verneinter Satz im Present Perfect
I've (I have) painted the picture.	I haven't painted the picture.
You've painted ...	You haven't painted ...
He's (He has) / She's / It's } painted ...	He / She / It } hasn't painted ...
We've / You've / They've } painted ...	We / You / They } haven't painted ...
... have / ... has ⇢ Verb + -ed ...	... haven't / ... hasn't ⇢ Verb + -ed ...

45 ▶ Vervollständige diese Sätze in der verneinten Form!

1. John has scored two goals.

   Tim and Tom _____ **scored** a goal.

2. Paul has carried the rucksack.

   Denis _____
   the rucksack.

3. Paul and Peter have collected these mushrooms.

   Wendy _____
   any mushrooms.

Zwischentest 4

Bilde verneinte Sätze!

1. It snowed at Easter, but it _____ at Christmas.
2. Peter loved Eve, but she _____ him.
3. I dropped the glass, but I _____ the vase.
4. He has been to Moscow, but he _____ to Leningrad.
5. My friend was in Italy last year, but I _____ there.
6. Sam has married his girlfriend, but Betty _____ her boyfriend.
7. We enjoyed the Scottish music, but we _____ their food.
8. Mrs Craig carried the baby, but she _____ the pram.
9. They have played tennis, but they _____ for a long time.
10. The police controlled all the lorries, but they _____ the cars of the tourists.

Simple Past und Present Perfect von *to have*

Die Bildung der Vergangenheitsformen von *to have*

46 Miss Marple wohnt genau gegenüber einem Pelzgeschäft, in dem in der Nacht zuvor eingebrochen wurde. Zufällig schaute sie gerade aus dem Fenster und konnte die beiden Einbrecher beobachten.

Miss Marple   Officer (Mr Brown)

Du siehst Miss Marple gerade auf der Polizeiwache, wo sie am nächsten Morgen die beiden Täter folgendermaßen beschreibt:

"One of the men had a moustache (Schnurrbart).

He smashed the shopwindow with a hammer.

The other one climbed into the shop.

The robbers used a blue van and loaded

the furs (Pelze) in it.

It had no numberplate and was rather old."

Miss Marple erzählt ihren Bericht im Simple Past.
Dabei benützt sie auch das **Simple Past** von *have* in zwei Sätzen.

▶ Unterstreiche diese beiden Sätze oben im Text!

47 Inspektor Brown legte Miss Marple einige Fotos vor. Auf einem erkannte sie einen der Einbrecher von der vergangenen Nacht. Mr Brown suchte sofort die Adresse heraus und fuhr dorthin. Hier ist das Gespräch zwischen ihm und dem mutmaßlichen Einbrecher:

Mr Longy   Mr Brown

Mr Brown: Have you ever had a blue van?
Mr Longy: No, never.
Mr Brown: Let me see your hammer.
Mr Longy: I've never had a hammer.
Mr Brown: And where are the stolen furs?
Mr Longy: I've never had any furs.
Mr Brown: And who's your friend?
Mr Longy: I've had no real friend all my life.

▶ Schau dir vor allem folgende Sätze genauer an!

> Have you ever had … ?
> I've never had …
> I've had …

Frage: Erkennst du diese Vergangenheitsformen?

Antwort: Diese Zeit heißt _____.

48 Bei der anschließenden Hausdurchsuchung fanden die Polizisten nicht nur die Pelze vom Einbruch der letzten Nacht.

▶ Fülle die Lücken aus!

a lot of golden rings

1. He **had a lot of golden rings** in his bedside table.

some strings of pearls

2. He _____ in an old box.

a new moped

3. He _____ behind a cupboard.

a lot of brand-new banknotes

4. He _____ in a drawer.

a famous picture

5. He _____ under his bed.

49 Übersicht: Simple Past und Present Perfect von *to have*

Simple Past		Present Perfect		Kurzform
I		I	**have** had ...	I**'ve** had ...
You		You	**have** had ...	You**'ve** had ...
He		He		He**'s** had ...
She	**had** ...	She	**has** had ...	She**'s** had ...
It		It		It**'s** had ...
We		We		We**'ve** had ...
You		You	**have** had ...	You**'ve** had ...
They		They		They**'ve** had ...

Simple Past oder Present Perfect?

50 Mr Edwards, Miss Short und Mrs Loveland sind Arbeitskollegen. Sie kommen gerade aus dem Restaurant. Was sie wohl gegessen haben?

▶ Ergänze die fehlenden Wörter!

What have you had for lunch, Mr Edwards?

I've had Spaghetti. I love Italian food.

1. What _____ for lunch, Miss Short?

2. I'_____ chicken with chips.

3. _____, Mrs Loveland?

4. _____ fish. I like fish.

Diese drei Personen benützen das **Present Perfect**, weil die Handlung (das Essen) noch nicht lange zurückliegt.

51 Und hier siehst du Mr Edwards am nächsten Tag zu Hause. Seine Frau stellt gerade den Küchenzettel für die nächste Woche zusammen.

Sie fragt ihren Mann:

Mrs Edwards: What did you have for lunch yesterday?

▶ Gib für Mr Edwards die Antworten!

Mr Edwards: Me? Let me think. I _____

_____. (1)

Mrs Edwards: And what did Miss Short have for lunch?

Mr Edwards: She _____

_____. (2)

Mrs Edwards: What did Mrs Loveland have for lunch? Do you remember?

Mr Edwards: Yes, I do. She _____

_____ (3). She said she liked her fish very much.

Mrs Edwards: Shall I make fish tomorrow, too?

Mr Edwards: Yes, that's a good idea!

> Mr und Mrs Edwards benützen das **Simple Past**, weil das, worüber sie reden (das Essen), schon lange zurückliegt.

Vergangenheitsformen regelmäßiger und unregelmäßiger Verben

52 In diesem Lernprogramm hast du die Vergangenheit von zwei unregelmäßigen Verben (**to be** und **to have**) und von mehreren regelmäßigen Verben kennen gelernt.

▶ Ordne folgende Vergangenheitsformen in die richtige Spalte ein!

~~he climbed~~ – ~~I had~~ – we walked – I called – they cried – she had – I was – you liked – I robbed – you were

regelmäßige Verben	unregelmäßige Verben
he climbed	I had

53 Schau dir die Gemeinsamkeiten aller regelmäßigen Verben in der Tabelle an!

Kannst du nun folgende Frage beantworten?

Frage: Woran erkennst du regelmäßige Verben?

Antwort: _____

Zwischentest 5

Setze ein: *has had, have had* oder *had*.

1. He _____ a cup of tea and cornflakes for breakfast.

2. Last week I _____ a terrible cold.

3. We _____ a wonderful holiday in the Bermudas.

4. Mrs Neale _____ more money last year. This year she can't go on holiday.

5. I _____ steak with potatoes.

Signalwörter für Present Perfect und Simple Past

Signalwörter für das Present Perfect

54 Zwei wichtige Signalwörter sind *since* (seit) und *for* (seit).

Erinnerst du dich noch an Mr Longys Diebeslager in seinem Haus? Nun konnten die Eigentümer der gestohlenen Gegenstände gefunden werden.

▶ Schreibe auf, wie lange sie ihre Sachen schon vermissten!

I've missed my rings for 3 years.

1. Mr Moston _____
   _____
   his rings for 3 years.

I've missed my strings of pearls since 2001.

2. Mrs Cook _____
   _____
   her strings of pearls
   _____.

I've missed my new moped for 10 months.

3. Mr Mappin _____
   _____
   his _____
   _____.

We've missed our picture since 2000.

4. Mr and Mrs Slade _____
   _____
   their _____
   _____.

55 Im Deutschen würden wir folgende Gedanken so ausdrücken:

1. We've missed our picture **since** 2000.
   Wir haben unser Bild **seit** 2000 vermisst.

2. I've missed my moped **for** 10 months.
   Ich habe mein Moped **seit** 10 Monaten vermisst.

▶ Setze das fehlende Wort ein:

Im Deutschen gibt es nur ein Wort für *since* und *for*, nämlich _____.

56 Übersicht: Verwendung von *since* und *for*

Stefan fragt seinen englischen Freund Fred:

Stefan: Since when have you been in Germany?
Fred: I've been here **since 2011**.

2011   today

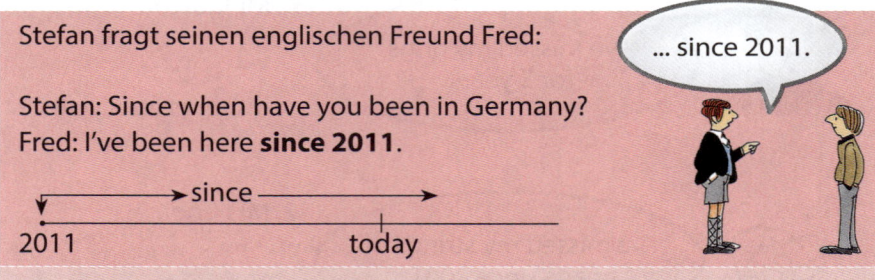

Man benützt **since**, wenn der **Zeitpunkt** (z. B. 2000) angegeben wird.

Klaus erzählt seinem Freund Bill, dass er seit einem Jahr in England lebt.

Bill: How long have you lived in England?
Klaus: I've lived here **for one year**.

for 1 year

20...   today

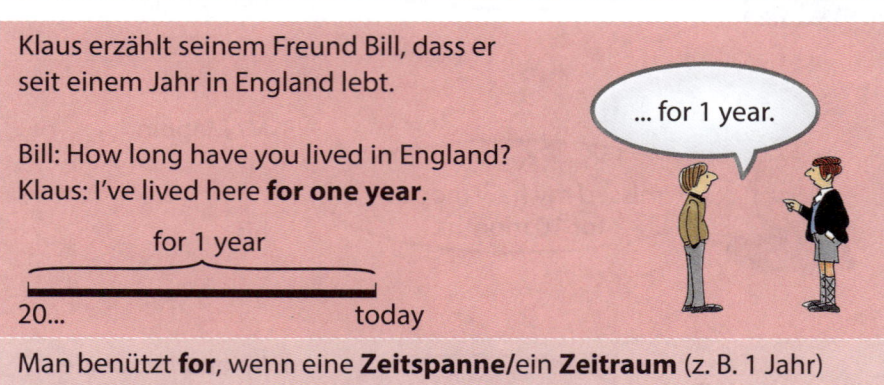

Man benützt **for**, wenn eine **Zeitspanne**/ein **Zeitraum** (z. B. 1 Jahr) angegeben wird.

57 Hier findest du jeweils Beispiele, die entweder einen Zeitpunkt oder eine Zeitspanne (einen Zeitraum) angeben.

▸ Ordne sie richtig ein!

> ~~yesterday~~ – ~~three weeks~~ – four o'clock – Christmas – 2000 – 6 hours – 20th June – 5 minutes – Friday – two years

Einen **Zeitpunkt** geben an:	Eine **Zeitspanne** geben an:
since →	for
yesterday	three weeks
_____	_____
_____	_____
_____	_____
_____	
_____	

58 Setze nun *since* und *for* richtig ein!

1. Mr Trevens has lived in Berlin _____ two years.
2. Jackie has been in London _____ Easter 2001.
3. I have lived in Britain _____ six months.
4. The Millers have been on holiday _____ 31st August.
5. Jim hasn't had a job _____ seven weeks.
6. We haven't visited him _____ last weekend.

Frage: In welcher Zeit stehen diese Sätze?
Antwort: _____

Arbeite auf der nächsten Seite weiter!

Beachte bei Sätzen mit **for** jedoch:

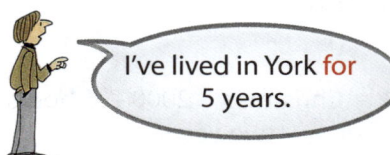

Present Perfect

Klaus wohnt zum Zeitpunkt des Sprechens noch immer in York. Die Handlung reicht bis in die Gegenwart.

Bill dagegen wohnt heute woanders:

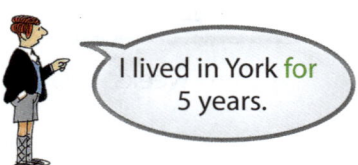

Simple Past

Bill wohnt zum Zeitpunkt des Sprechens nicht mehr in York. Die Handlung (das Wohnen in York) liegt in der Vergangenheit und ist abgeschlossen. Deutsch:
Ich habe 5 Jahre lang in York gelebt.

59 Signalwörter für das Present Perfect sind auch *ever* (jemals) und *never* (niemals).

▶ Schau dir die ersten zwei Sätze genau an und vervollständige dann die folgenden!

Andreas: Linda, how long have you been in England?

Linda: I've been here **for** a few months.

Have you **ever** been to Paris?

Andreas: No, I' _____ **never** _____ (1) to France.

But I've _____ (2) to Rome. _____ you **ever**

_____ (3) to Italy?

Linda: No, _____ . (4)

Is it nice there?

Andreas: Yes, it's a wonderful country.

60 Weitere Signalwörter für das Present Perfect sind **already** (schon), *just* (gerade), ***not yet*** (noch nicht).

Die Potters sind gerade dabei, in den Urlaub zu fahren. Die ganze Familie hilft beim Packen des Autos. Mrs Potter fragt, ob die wichtigsten Dinge erledigt sind:

Mrs Potter: Dick, have you **already** cleaned the windscreen?

Dick: No, I haven't.

Mrs Potter: Jill, have you already fetched the passports?

Jill: Yes, I have.

Mrs Potter: Dad, have you already checked the oil?

Mr Potter: No, I haven't.

Mrs Potter: Bob, have you already switched off all the lights in the house?

Bob: Yes, I have.

▶ Schreibe nun auf, was die einzelnen Familienmitglieder gerade getan haben bzw. was sie noch nicht getan haben. Schau dir zuerst die beiden Beispielsätze an!

1. Dick has**n't** cleaned the windscreen **yet**.
   (Dick hat die Windschutzscheibe **noch nicht** geputzt.)

2. Jill has **just** fetched the passports.
   (Jill hat **soeben** die Pässe geholt.)

3. Mr Potter _____ .

4. Bob _____ just _____ .

61 ▶ Suche nun zu den englischen Sätzen die passenden deutschen Sätze!

Englische Sätze	Deutsche Sätze
1. I've already fetched the passports.	a) Ich habe noch nicht das Öl kontrolliert.
2. I haven't checked the oil yet.	b) Ich habe soeben (gerade) die Lichter ausgemacht.
3. I've just switched off the lights.	c) Ich habe die Pässe schon geholt.

Meine Lösung: 1 **c**   2 ___   3 ___

62 ▶ Du weißt nun sicher schon, was diese drei Ausdrücke mit den Signalwörtern bedeuten:

1. I've **already** ... – Ich habe **schon** ...

2. I've **just** ... – Ich _____ ...

3. I have**n't** ... **yet** – _____ ...

63 Und hier findest du noch einmal die wichtigsten Signalwörter für das Present Perfect.

▶ Wähle aus dem Kasten die deutsche Bedeutung und schreibe sie unten daneben!

> ~~noch nicht~~ – seit (Zeitpunkt) – soeben (gerade) – jemals – nie – seit (Zeitspanne) – schon

1. not ... yet – noch nicht
2. for – _____
3. since – _____
4. already – _____
5. ever – _____
6. never – _____
7. just – _____

64 ▶ Setze diese Signalwörter in Sätzen ein!

1. (jemals) – Have you _____ been to New Zealand?
2. (nie) – She has _____ been to New York.
3. (seit) – Morris has lived in Chicago _____ two years.
4. (seit) – Jack has waited in the café _____ 3 o'clock.
5. (soeben) – Mrs Newton has _____ returned from her holiday.
6. (schon) – Christine, have you _____ watered the flowers?
7. (noch nicht) – I haven't washed the car _____ .

65 Übersicht: Signalwörter des Present Perfects

Neben dem Satzmuster ... **have/has + Verb-ed** ... können wir also auch manchmal das Present Perfect durch folgende Wörter erkennen:

since (seit), for (seit), ever (immer), never (nie), just (gerade), already (schon), not ... yet (noch nicht)

Sie stellen also eine Hilfe dar, um zu erkennen, wann ein Satz im Present Perfect steht.

Signalwörter für das Simple Past

Last { month ... / week ... / year ... }	Peter helped his father in the garden **last Saturday**.
Yesterday ...	**Yesterday** I parked on the wrong side of the street.
A { week / month / year } ago ...	The police warned him **a year ago**.

Schau dir die Beispielsätze oben an. Beantworte dann die folgende Frage:

Frage: An welcher Stelle des Satzes stehen diese Signalwörter?

Antwort: Sie stehen entweder _____

_____.

66 Hier siehst du Mr and Mrs Baxter. Sie feiern gerade ihre goldene Hochzeit. Mrs Baxter meint, man müsse nur viel unternehmen, dann würde es in einer Ehe niemals langweilig.

▶ Setze die Verben richtig ein!

1. (marry) We _____ 50 years ago.

2. (be) We _____ in Switzerland last year.

3. (move) We _____ from Liverpool to London last month.

4. (close) We _____ down our shop two years ago.

5. (plan) We _____ a trip to Italy yesterday.

6. (walk) Last Sunday we _____ 4 miles.

67 ▶ Schreibe nun in einem Satz, was Mr und Mrs Baxter getan haben.

1. What did they do last month?

   They moved to London last month.

2. What happened two years ago?

   They _____.

3. Where were they last year?

   They _____.

4. What did they do 50 years ago?

   _____.

5. What did they do yesterday?

   _____.

6. How far did they walk last Sunday?

   _____.

68 Unterstreiche die Signalwörter und Verben in jedem Satz!

1. The Parkers worked in their garden last weekend.

2. Are you sure that you posted the letter the day before yesterday?

3. Last Friday Mrs Jackson was shopping. She tried on seventeen dresses.

4. Last Sunday the Hawkers quarrelled the whole day.

Frage: In welcher Zeit stehen die Verben?

5. **Antwort**: _____

Simple Past oder Present Perfect?

69 Kannst du nun feststellen, ob folgende Sätze im **Simple Past** oder **Present Perfect** stehen? Achte auf die Signalwörter!

▶ Schreibe jeweils **S.P.** (**S**imple **P**ast) oder **P.P.** (**P**resent **P**erfect)!

1. Mr Robertson was in Canada last winter. (**S.P.**)

2. He hunted brown bears there. (_____)

3. Have you ever been to Canada? (_____)

4. I've never been there. (_____)

5. Miss Swartridge has lived in Germany for 3 years. (_____)

6. Last year she found a job. (_____)

7. But she didn't like it. (_____)

8. She stopped working a month ago. (_____)

70 Pamela White ist ein bekannter amerikanischer Filmstar. Hier erzählt sie etwas aus ihrem Leben.

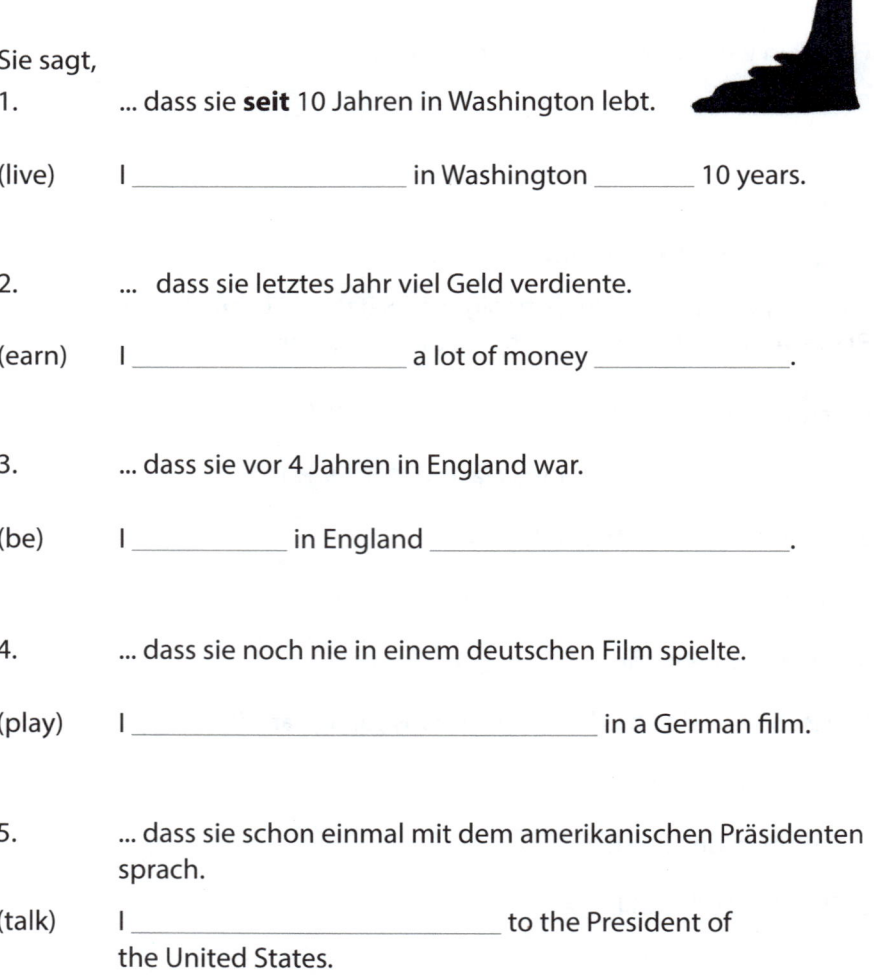

▶ Setze die Signalwörter und die Verben in der richtigen Zeit ein! (Simple Past oder Present Perfect)

Sie sagt,

1. ... dass sie **seit** 10 Jahren in Washington lebt.

(live) I _____ in Washington _____ 10 years.

2. ... dass sie letztes Jahr viel Geld verdiente.

(earn) I _____ a lot of money _____.

3. ... dass sie vor 4 Jahren in England war.

(be) I _____ in England _____.

4. ... dass sie noch nie in einem deutschen Film spielte.

(play) I _____ in a German film.

5. ... dass sie schon einmal mit dem amerikanischen Präsidenten sprach.

(talk) I _____ to the President of the United States.

Zwischentest 6

Hier erzählt Mr Hull etwas über sein Haus.

Vervollständige die Sätze, indem du die unterstrichenen Signalwörter und die richtige Zeit des Verbs einsetzt!

Mr Hull sagt,

1. ... dass er **seit** drei Jahren in Liverpool wohnt.
(live) I _____ in Liverpool _____ three years.

2. ... dass er **vor 5 Jahren** in Birmingham wohnte.
(live) I _____ in Birmingham _____ .

3. ... dass er **letzte Woche** den Türöffner reparierte.
(repair) I _____ the door opener _____ .

4. ... dass er **schon** dreimal den Türöffner repariert hat.
(repair) I _____ the door opener three times.

5. ... dass er **soeben** mit seinem Nachbarn geredet hat.
(talk) I _____ to my neighbour.

6. ... dass sein Nachbar noch **nie** Schwierigkeiten mit seinem Türöffner hatte.
(have) My neighbour _____ any trouble with his door opener.

7. ... dass sein Nachbar **gestern** Wasser in seinem Keller hatte.
(have) But he _____ water in the cellar _____ .

Abschlusstest

Welcher Satz gehört zu welchem Bild? Zeichne je einen Pfeil!

1. I painted the Watson's garage door yesterday.
2. I've painted this garage door.

Setze die Verben in der Simple-Past-Form (Vergangenheit) ein!

3. Last week we _____ (watch) television from 7 o'clock till 12.

4. Mrs Dickens _____ (drop) the bottle of whisky.

5. Jimmy _____ (cry) every night when he was a baby.

6. Yesterday the train _____ (arrive) 30 minutes later.

Simple Past oder Present Perfect? Schreibe S.P. oder P.P.

7. Have you ever been to Glasgow? (_____)

8. The police only stopped the lorries. (_____)

9. James has waited since last week for this letter. (_____)

Setze ein: *was – were – has been – have been.*

Ted: George _____ (10) in Greece last summer. He enjoyed it very much.

Maud: I _____ never _____ (11) to Greece. _____ you ever _____ (12) there?

Ted: No, we _____ (13) in Switzerland last year. _____ George ever _____ (14) to Switzerland?

Maud: I don't know.

Was haben sie soeben getan? Schau zuerst die Bilder an!

play

15. Micky _____ a wheel of his car.   change

16. They _____ _____table tennis.